Hédouin de Pons-Ludon. 1867. Février. 13

Voir les pièces historiques aux pages 18 – 20.

COLLECTION

De Feu M. HÉDOUIN DE PONS-LUDON

ESTAMPES ANCIENNES

6 février

VENTE LES 13 ET 14 FÉVRIER 1867

A UNE HEURE

Mᵉ PHILIPPE LECHAT	M. ROCHOUX
COMM^re-PRISEUR	MARCHAND D'ESTAMPES

RENOU & MAULDE

Imprimeurs de la Compagnie des Commissaires-Priseurs,

RUE DE RIVOLI, 144

COLLECTION

De feu M. HÉDOUIN DE PONS LUDON, Antiquaire,

DE REIMS

CATALOGUE

D'ESTAMPES

ANCIENNES

École Française XVIIIe Siècle

PORTRAITS

PIÈCES HISTORIQUES

DONT LA VENTE AURA LIEU

HOTEL DROUOT, SALLE N° 9

Les Mercredi 13 & Jeudi 14 Février 1867

A UNE HEURE

Par le Ministère de Me **PHILIPPE LECHAT,** C[re]-Priseur,
rue de Provence, 73,

Assisté de M. **ROCHOUX,** Marchand d'Estampes,
quai de l'Horloge, 19,

CHEZ LESQUELS SE DISTRIBUE LE PRÉSENT CATALOGUE

EXPOSITION PUBLIQUE

Le DIMANCHE 10 Février 1867, de deux heures à cinq heures.

PARIS — 1867

ORDRE DES VACATIONS

PREMIÈRE VACATION, 13 *Février :*

	N° 1 à 75
Pièces historiques..............	176 à 202
Pièces en feuilles non cataloguées.	76

DEUXIÈME VACATION, 14 *Février :*

Portraits......................	77 à 175
Pièces encadrées...............	76

CONDITIONS DE LA VENTE

Elle sera faite au comptant.

Les Acquéreurs paieront, en sus du prix d'adjudication, CINQ POUR CENT, applicables aux frais.

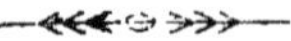

DÉSIGNATION

PIÈCES DIVERSES

1 **Aubry** (D'après). L'heureuse Nouvelle, gravé par Simonet; la Bergère des Alpes, par Leveau. 2 pièces, très-belles ép.

2 **Aveline** (C.-A.). La Puce, la Jarretière. 2 pièces d'après Le Bel. Très-belles ép.

3 **Basset** (à Paris, chez). Nouvelle manière de lacer à l'anglaise; Ah! laissez-donc; coiffures. 3 pièces coloriées.

4 **Baudouin** (D'après). Les Cerises. Annette et Lubin. 2 pèces gravées par Ponce. Très-belles ép.

5 — La Sentinelle en défaut, gravé par Delaunay.

6 – Deux jeunes filles regardant des Colombes. une Mère grondant sa fille. 2 pièces gravées par Choffard.

7 **Boilliet**. Ariette de Rosette et Colas, d'après Doublet. Jolie pièce.

8 **Boilly** (D'après). Jeunes filles paraissant railler un vieillard qui les menace du poing. Deux jeunes époux assis sur un canapé et regardant deux colombes. 2 pièces; superbes ép. avant toute lettre.

9 — Défends-moi! Un jeune homme près d'une table, baisant la main d'une jeune fille. 2 pièces avant la lettre, avec grandes marges; épreuves superbes.

10 — Défends-moi! Les Petites coquettes, 2 pièces.

11 **Borel** (D'après). L'Innocence en danger, gravé par Huot. Très-belle ép.

12 **Boucher** (D'après). Vénus entrant au bain, Vénus sortant du bain. 2 pièces gravées par Michel; très-belles ép.

13 — Les quatre parties du jour. 4 pièces.

14 — Le Printemps, gravé par Daullé. Très-belle ép.

15 — La Baigneuse surprise, gravé par Daullé. Très-belle ép.

16 — Jupiter et Calisto, gravé par Gaillard.

17 **Callot** (Jacques). Les fantaisies. Jolie suite de 14 pièces, très-belles ép. avant les n°s; le titre est avant la lettre.

18 **Canot** (D'après). Le Maître de danse, gravé par Lebas. Très-belle ép.

19 **Caquet**. La Soirée du Palais-Royal. Très-belle ép. avec marges.

20 — 1771. Le Porte-Respect. La Mère surveillante. 2 pièces.

21 **Chardin** (D'après). Frontin allumant une bougie pour cacheter une lettre de sa maîtresse. Jolie pièce gravée par Fessard. Très-belle ép. avec marges. *Très-rare.*

22 **Carême** (D'après). Le Baiser napolitain. Le Baiser rendu. 2 pièces gravées par Flipart. Très-belles ép.

23 **Coypel** (Ch.). L'Amour précepteur, gravé par Lepicié. Très-belle ép.

24 **Croisey** (à Paris, chez). Almanach des Dieux pour l'année 1768.

25 **Delaunay** (N). La partie de plaisir, d'après Wenix. Superbe ép. avant la dédicace; grandes marges.

26 **Divers**. La Mère laborieuse; la Blanchisseuse, d'après Chardin ; la Mère de famille, d'après Fragonard; l'Amour quêteur ; Vénus pèlerine; l'Eté, d'après la Rosalba ; un Plafond, d'après Mignard, etc. 21 pièces.

27 — 2 pièces, d'après l'Albane; le Triomphe de Silène, d'après Rubens ; Herminie et le Berger, par Porporati, d'après Vanloo ; Paysages, d'après Huet, etc. 22 pièces.

28 — Angélique et Médor, gravé par Voyez l'aîné, d'après Blanchard ; Vénus et l'Amour, Endymion d'après Pierre; Bacchus et Ariane; Tancréde secouru par Herminie, d'après Lagrenée. 5 pièces.

29 — Entrée du marquis de Vergennes et prestation de serment dans l'église de Soleure; diverses autres pièces. 30 pièces.

30 **Fouché** (D'après). Flore, Pomone, une Bacchante, une Baigneuse. 4 pièces gravées par Desplaces. Très-belles ép.

31 **Fragonard**. Le Serment d'amour, gravé par Mathieu. Ép. superbe.

32 — La même pièce. Très-belle ép.

33 — La bonne mère, gravé par Delaunay. Très-belle ép.

34 — La même pièce. Très-belle ép.

35 — Les deux baisers. 2 jolies pièces gravées par Marchand. Ép. superbes.

36 — Dites donc s'il vous plaît. L'heureuse fécondité. Les Beignets. 3 pièces gravées par Delaunay. Très-belles ép. avec grandes marges.

37 — Le Verrou, gravé par Blot.

38 **Freudeberg** (D'après). Le petit jour. Charmante pièce gravée par Delaunay; très-belle ép. avec grandes marges.

39 La Gaîté conjugale, la Félicité villageoise. 2 pièces gravées par Delaunay ; très-belles ép. avec grandes marges.

40 **Fryberg** (D'après). Les différents goûts. La chûte inévitable 2 pièces gravées par Delaunay jeune.

41 **Greuze** (D'après). Le Préjugé de l'enfance, gravé par Charpentier. Pièce imprimée en couleur.

42 **Henriquez** (B.-L.). L'Instruction paternelle, d'après Terburg. Très-belle ép.

43 **Huet** (D'après). Les Présents du jour de l'an. Gravé par Bonnet. Jolie pièce en couleur; très-belle ép. avec marges.

44 — Le Marchand d'orviétan de campagne. La Troupe ambulante des rues de Paris. 2 pièces en couleur; très-belles ép.

45 **Janinet**. Le Baiser de l'amour, d'après Doublet; en couleur.

46 J. G. (D'après). L'agréable illusion. Superbe ép. avec grandes marges.

47 **Lamour**. Élévation des deux grilles-fontaines aux angles de la place royale de Nancy.

48 **Lang** (D'après). La Bergère couronnée, l'Amour dangereux; le Repos agréable, l'heureux Tête à-tête. 4 pièces gravées par Demonchy.

49 **Lavreince** (D'après). Qu'en dit l'abbé? Le Billet doux. 2 charmantes pièces gravées par Delaunay. Ép. superbes.

50 — Le Roman dangereux, gravé par Helman. Très-belle ép. avec marges.

51 **Lebarbier** (D'après). Adam et Ève, Mort d'Abel, l'Age d'or, Prise de Babylone, Combat des Horaces. Cinq pièces gravées par Demachy, Leveillé et Janinet; imprimées en couleur.

52 **Lebrun** (Mme). Vénus liant les ailes de l'Amour, gravé par Sarp. Très-belle ép. avant la lettre.

53 **Lefèvre.** Le Peintre peignant d'après le modèle, d'après Francisque.

54 **Lemoine** (D'après). Pièce allégorique sur Louis XV, gravé par Cars; Mercure apportant Bacchus, gravé par F. Poilly, d'après Alexandre. Deux pièces.

55 **Lempereur.** Festin espagnol, d'après Palamèdes. Très-belle ép. avant toute lettre.

56 **Lenain** (D'après). Danse au son de la flûte, gravé par Bannermann. Très-belle ép.

57 **Leprince** (D'après). Le Bonheur du ménage; l'Enfant chéri. Deux pièces gravées par Delaunay. Très-belles ép. avec grandes marges.

58 **Malapeau.** La Ruelle, d'après Challe. Très-belle ép. avec marges.

59 **Metay** (D'après). Diane au bain, gravé par Viel. Très-belle ép.

60 **Moitte** (D'après). L'Écueil de l'innocence, gravé par Deny. Belle ép.

61 **Monnet** (D'après). Salmacis et Hermaphrodite; Jupiter et Io. Deux pièces gravées par Vidal. Très-belles ép.

62 **Moreau** jeune. Répertoire de Fontainebleau, année 1785. Jolie pièce gravée par Lempereur; *rare*. Très-belle ép.

63 **Mouchet** (D'après). La Méprise, gravé par Macret, terminé par Anselin. Très-belle ép. *piquée d'humidité*.

64 **Oppenort**. Un Titre, gravé par Cochin.

65 **Prudhon** (D'après). Lach sis, Clotho. Deux pièces gravées par Prudhon fils, imprimées en couleur. *Rares*.

66 **Queverdo** (D'après). Le dangereux Modèle, gravé par Patas Belle ép. avec marges.

67 **Ruotte**. La Rencontre des Incroyables, d'après Bunbury. Très-belle ép. avec marges.

68 **Silvestre** (Israël). 8 vues de Liencourt, Château de Richelieu et Galerie du Palais-Royal. 6 pièces, par Perelle; 6 paysages par le même, Hôtel de la Vrillere, par Marot; en tout 21 pièces.

69 **Strange**. Vénus bandant les yeux de l'Amour, d'après Titien. Épreuve superbe (*une petite déchirure à droite*).

70 **Vanloo** (Carle). Les trois Grâces, gravé par Pasquier. Très-belle ép.

71 **Wille** (J.-G.). Les Musiciens ambulants; les Offres réciproques, d'après Dietricy. Belles ép.

72 — Les Délices maternelles; les Soins maternels, d'après Wille fils. Très-belles ép. avant la dédicace.

73 — Le Maréchal-des-logis; la Dévideuse; la Liseuse; Tricoteuse hollandaise. Quatre pièces.

74 **Wille** fils. Le petit Marchand d'oranges. Très-belle ép. avant toute lettre.

75 — Le petit Oiselier, gravé par Van-Meyen; l'Étude au village, par Tardieu, d'après G. Dow. Deux pièces.

76 — Sous ce numéro seront vendues, par lots, les Pièces non cataloguées et un grand nombre de Pièces encadrées.

PORTRAITS

77 **Alix**. Bonaparte, premier consul; autre Portrait du même personnage, sans marges; Marie-Louise, par Moret. Trois pièces en couleur, plus Bonaparte, par Tardieu, d'après Isabey.

78 — Charlotte Corday; Kosciusko, par Josy, d'après Grassi; Letourneur, Mirabeau, etc. Sept portraits.

79 **Anonyme**. Louis XVI, et au-dessous les médaillons de Marie-Antoinette, le Dauphin et Madame Thérèse-Charlotte. In-8° avec encadrement surmonté de la couronne royale.

80 — Le Père Quesnel; Colbert, évêque de Montpellier. Deux portraits petit in-fol.; belles ép.

81 — Mlle Maillard, de l'Opéra. Superbe ép. avec grandes marges.

82 **Balechou**. Crébillon, d'après Aved; Varin. Deux pièces petit in-4°; très-belles ép.

83 **Bazin** (N.). Bouthillier de Rancé, abbé de la Trappe, d'après Rigaud. Petit in-fol., belle ép.

84 — Nicolas Larcher, abbé de Citeaux, d'après de Cany. In-fol., très-belle ép.

85 **Bonvalet**, Mirabeau; au-dessous une tablette où est représentée l'Assemblée nationale. In-fol. avec marges.

86 **Borrekens**. Saint François Xavier, d'après Quellinus. In-fol., très-belle ép.

87 **Benoit** (G.). Barthélemy Mercier, abbé de Saint-Léger, de Soissons, bibliothécaire de Sainte-Geneviève. In-fol., très-belle ép.

88 **Cathelin**. Voltaire, Fénelon, le Cauchois, Labruyère. Quatre portraits, très-belles ép.

89 **Chereau** (F.). Melchior, cardinal de Polignac, d'après Rigaud. In-fol., très-belle ép.

90 **Chrétien** (phisionotrace). Basire, *rare*, Lepelletier de Saint-Fargeau, par Villeneuve. Châlier. Marat. Pichegru. Cinq pièces.

91 **Cochin** (D'après). Pierre, Jombert, Jeliotte, Dumont le Romain, de Mondoville, Lepicié, Freron, Morand, Fieux, Bay de Curys, Fenouillot de Falbaire, Dumont, amateur; Roslin, Philidor, Caffiery, Guy Brenet, Nonotte, duc de la Vallière, Jacques-Louis Radix; 22 pièces; très belles ép. *Ce numéro pourra être divisé.*

92 **Crepy**. De Montiers de Merinville, évêque de Chartres; in-fol., très-belle ép. *Non décrit par le père Lelong.*

93 **Dannecun** (A Paris, chez), an IX. Proclamation de la paix avec l'empereur. Dans le haut, médaillon de Bonaparte, entouré de figures allégoriques. Au-dessous la publication du traité de paix. Plus bas : chansons sur la paix. *Pièce très-rare.*

94 **Daullé**. Maupertuis. In-fol., superbe ép. avant toute lettre.

95 — Lefèvre de Laubrière, évêque de Soissons, d'après Aved. In-fol., très-belle ép.

96 — Marie-Thérèse, d'après de Meytens; Frédéric-Auguste III, roi de Pologne, d'après de Silvestre. 2 pièces; très-belles ép.

97 **Delâtre**. Rameau. Très-belle ép. avec marges.

98 **Delaulne** (Étienne). Charles, cardinal de Lorraine, assis sur son fauteuil. *Rare.* Ép. faible.

99 **Delaunay** (N.). Bernard de Bonnard, d'après Vestier; charmant petit portrait. Superbe ép. avec marges.

100 **Divers**. Cardinal Bentivoglio par Mellan; Buffon par Baron; Gessner par Saint-Aubin; Barbe Dernecourt par Montcornet; Euler par Dupin; Lamotte-Piquet, M. de Suffren, Tourville, Marie-Thérèse, reine de France; etc. 26 portraits.

101 — N. Delaunay par Huot; Mme de Maintenon par Larmessin; duc de Choiseul, Helvétius; vicomte de Turenne; Menestrier par Nolin; Roger de Piles par Picart; J.-J. Rousseau, Debelloy, par Littret; etc. 33 portraits.

102 — Sonnois par Daullé; La Quintinie par Vermeulen; duc de Choiseul par Delaunay; Dupaty par Gaucher; etc. 25 portraits.

103 — Duhamel, Noël Coypel, Wouvermans, Bayle, René Molé, comte de Revel, Massé; etc. 17 portraits.

104 — Saint Vincent-de-Paul par Edelinck; Ch.-Maurice Letellier par Duflos; Boerhave par Withe; etc. 6 portraits.

105 — Michel de Marolles par Nanteuil; Charles-Maurice Letellier par Edelinck; Antoine Coypel par Duchange; Victor duc de Broglie par Cathelin; Grandjean par Gaillard; le père Grégoire Gilbert par Dossier; Santeul par Edelinck; Charles Rollin par Balechou; le père Poisson, cordelier; etc. 13 portraits.

106 **Drevet** (Claude). Guillaume de Vintimille d'après Rigaud. In-fol., très-belle ép.

107 **Drevet** (P.). Marquis de Dangeau d'après Rigaud. In-fol.

108 — Oronce Finé de Brianville, abbé de Pontiniac, de l'ordre de Citeaux, d'après Rigaud. In-fol., très belle ép.

109 — René Pucelle, in-fol., très-belle ép.

110 — Hyacinthe Rigaud. In-fol., belle ép. avec marges.

111 **D. V. S.** Melcour, joli petit portrait en couleur.

112 **Edelinck.** Bossuet. R. D. 156. Très-belle ép. de premier état.

113 — Charles d'Hozier d'après Rigaud. R. D. 184. Ép. superbe.

114 — Jean Herault, seigneur de Gourville. R. D. 218, charmant petit portrait, *très-rare*, ép. superbe.

115 — Mascaron, célèbre prédicateur. R. D. 270. Très-belle ép. du 2e état.

116 **Fiquet.** Descartes, Mme de Maintenon, Voltaire, Lamothe-Levayer, Berghem ; 5 pièces. Très-belles ép.

117 **Fresne.** Nicolas Fouquet, Gaston d'Orléans, duchesse de Montpensier, le petit de Beauchâteau, Anne d'Autriche, Richelieu; etc. 26 pièces.

118 **Gadiot** (A Paris, chez). Georges Cadoudal, dit Larive, dit Masson, dans un médaillon ovale. Au-dessous, dans une tablette, est représentée l'arrestation de ce personnage. *Pièce rare.*

119 **Garnerey.** Baron de Trenck, célèbre par la dure captivité que lui fit subir le roi de Prusse. Petit in-fol.

120 **Gaucher** (C.). Marquis de Montmirail d'après Fredou ; charmant petit portrait, ép. superbe.

121 **Gaucher, Ingouf.** Mellin de Saint-Gelais, du Belloy, Charles IX, Lafontaine, Sarrasin, Racan, La Chaussée, etc ; 19 petits portraits. Très-belles ép.

122 **Gauthier** (A Paris, chez). Véritable portrait de Blaise Ferrage, assassin, incendiaire et anthropophage. Canard du temps avec complainte. *Rare.*

123 **Henriquez.** Pierre le Grand, Paul Petrovitch, par Lebeau ; Catherine II ; 3 pièces.

124 **Hondius** (Guillaume). Henri-Corneille Longkius, d'après Isaac Mytens ; in-fol., ép. superbe.

125 **Hubert** (B.-G.). Sage, de l'Académie des sciences; superbe ép. avant toute lettre.

— Le même avec la lettre.

— Le même par Demarcenay; très-belle ép.

126 **Joullain**. Desportes d'après lui-même; in-fol., très-belle ép. avec marges.

127 **Larmessin**. Woldemar de Lowendal; in-fol., belle ép.

128 **L. B. M** Jourgniac Saint-Méard, auteur de l'Agonie de 38 heures (sur les massacres de septembre); in-8, *rare*, très-belle ép.

129 **Lebeau** (Mlle Duthé). Très-belle ép.

130 **Lebeau et autres**. Mlle Olivier, Mlle Lescot, Mlle Colombe l'aînée, Mlle Contat; 4 pièces.

131 **Lépicié**. Charlotte Desmares, in fol.; très-belle ép.

132 — S. Bourdon, d'après Rigaud; Pierre Puget, par Jeaurat; Poerson, par Desrochers; Nocret, par S. Silvestre. 4 portraits in-fol.

133 **Leu** (Thomas de). Jacques Ier, roi d'Angleterre. In-8; belle ép.

134 **Lombart** (P.). Vincent Nevelet. In-fol.; belle ép. avec marges.

135 **Massard** (J.). Hubert Gravelot, d'après Latour; très-belle ép. avec marges.

136 **Masson** (Antoine). Toussaint-Forbin de Janson, évêque de Marseille. R. D., 27; très-belle ép.

137 **Miger**. Moitte, statuaire, d'après Dumont; très-belle ép. avec marges.

138 — Cardinal de Bourbon ; duc de Montpensier ; Charlotte-Catherine de la Tremouille. 2 ép.: comte de Soissons ; Quinette ; Dubois-Crancé ; Delacroix. 8 pièces.

139 **Moitte**. Henri-Philippe Chauvelin, d'après Roslin In-fol.; très-belle ép., avec marges.

140 **Montaland**. Lepelletier de Saint-Fargeau, Marat, d'après Desrais. 2 pièces.

141 **Morin** (Jean). Omer Talon. R. D., 74 2e état ; très-belle ép.

142 **Nanteuil**. Marquis de Castelnau. R. D., 58 ; très-belle ép. avec marges

143 — Pierre du Cambout de Coislin. R. D., 70 ; très-belle ép. du premier état.

144 — Alexandre de Sève, prévôt des marchands. R. D , 82. ép. superbe, collée en plein.

145 — Dorieu, président en la cour des aides. R. D., 84 ; ép. superbe, collée en plein.

146 — Jeannin, surintendant des finances. R. D., 112 ; belle ép. avec marges.

147 — Louis Phileppeaux de la Vrillère. R. D., 123 ; très-belle ép. du troisième état.

148 — Lamothe-Levoyer. R. D., 143 ; très-belle ép. du deuxième état avec marges.

149 — Louis XIV. R D., 152 ; très-belle ép. du troisième état.

150 — Henri de Lorraine, marquis de Mouy. R. D., 197 ; très-belle ép. du premier état. *Rare.*

151 — Sarrazin. R. D., 220 ; très-belle ép. du deuxième état. *Rare.* Collé en plein.

152 — Voiture. R. D., 234 ; très-belle ép.

153 — Bartillat. R. D., 32, premier état; Ferdinand de Neuville, 203, deuxième état; Van Steenberghen, 226, troisième état; Frédéric Maurice de la Tour d'Auvergne, Barillon de Morengis, Mazarin, Lamoignon; 10 portraits.

154 **Poilly.** François de Troy. In-fol. Très-belle ép.

155 **Romanet.** Préville, célèbre comédien. In-fol.; belle ép.

156 **Saint-Aubin** (Augustin de). Sophie Lecouteulx du Molay; superbe ép. avant toute lettre, avec grandes marges.

157 — Antoine-Jean Amelot; ép. superbe.

158 — Boquillon, médecin; superbe ép. avant la lettre, avec marges.

159 — Louis XVI, Marie-Antoinette et le Dauphin; même sujet, par Jazet; Louis XVI, par Lebeau, etc. 6 pièces.

160 — J.-J. Rousseau, Mancini Nivernois, Gessner, Condorcet, Necker, Washington; 6 pièces.

161 **Savart** (Pierre). Jean Racine, d'après Santerre; très-belle ép. d'un charmant portrait. Il est collé en plein quoique en bon état.

162 **Schmidt.** Tubières de Caylus, évêque d'Auxèrre; Colbert, évêque de Montpellier, par Jacques Chereau; Soanen, évêque de Senez, d'après Raoux. 3 portraits in-fol.; très-belles ép. collés sur carton; Pierre de La Broue, évêque de Mirepoix, gravé par Tournelle, d'après Rigaud. In-fol.; très-belle ép.

163 **Schuppen** (P. Van). Louis XIV, d'après Lefebvre ; charmant petit portrait, superbe ép. du premier état avec la date 1670.

164 — François Pinsson, Gaspard-Thomas de la Thaumassière, Lefebvre de Caumartin. 3 portraits in-fol.; très-belles ép.

165 **Silvestre** (Susanne). Jean Nocret, peintre, d'après lui même. In-fol.; très-belle ép.

166 **Surugue** (L.). Étienne-François Geoffroy, d'après Largillière. In-fol.; belle ép. avec marges.

167 **Trinquesse** (D'après). Colardeau, de l'Académie, gravé par Pruneau ; l'abbé Aubert, par de Lorraine, d'après Aubert. 2 pièces.

168 **Varin**. Alexandre-Angélique de Talleyrand-Périgord, coadjuteur de l'archevêché de Reims, d'après Wilbaut. In-fol.; belle ép.

169 **Vérité**. Couthon, Barnave, Bailly; plus, ce dernier par Beljambe. 4 portraits en couleur.

170 — 36 portraits de personnages de la révolution.

171 — **Vermeulen**. Jean de Brunenc, Nicolas Vander Borch, Mezetin. 3 pièces.

172 **Wille** (J.-G.) Maréchal de Saxe, d'après Rigaud. In-fol. ; très-belle ép.

173 — Comte de Saint Florentin, d'après Toqué. In-fol ; belle ép.

174 — Nicolas de Largillière. Petit in-4° ; épreuve superbe. Guyot-Desfontaines, par Pinssio. 2 pièces.

175 — Sous ce numéro seront vendus, par lots, 310 portraits non catalogués.

PIÈCES HISTORIQUES

176 — 1723. Louis XV, séant en son lit de justice, ordonne la déclaration de sa majorité. *A Paris, chez Maillot*. Très-grande pièce en largeur.

177 — Monument fastueux de la vanité jésuitique; Chauvelin présentant à Louis XV un livre sur les institutions de la société de Jésus. 3 pièces.

178 — La mort de d'Assas, gravé par Laurent, d'après Casanova; Desilles à l'affaire de Nancy, par Laurent, d'après Lebarbier 2 pièces.

179 — La Valeur récompensée à la prise de la Grenade, le 4 juillet 1779, gravé par Laurent, d'après Demarne. Très-belle ép., avant la dédicace.

180 — Prise de la Bastille; Danse d'enfants près de la Bastille en démolition. 2 pièces coloriées.

181 — Le Calculateur patriote; C'est ainsi qu'on se venge des traîtres. 2 pièces.

182 — Je me connais plus en argent qu'en esprit; L'Anglais à toute extrémité; *vox populi;* Le Coucher de la basse-cour, etc. 21 pièces historiques.

183 — Le Sauveur de la Belgique. Pièce contre Dumouriez *A Paris, chez Villeneuve.*

184 — 1791 Discours du roi et son serment le 14 septembre; Portrait de Louis XVI au-dessus; Réponse du président Thouret et son portrait au-dessus. 2 pièces.

185 — Fait miraculeux arrivé à Paris, l'an du salut 1791, le 6 avril. Pièce coloriée, *très rare.*

186 — Journée du 21 juin : Le faux pas ; à gauche, on voit le buste de Louis XVI renversé ; à droite, celui de Voltaire, près du Panthéon. Pièce coloriée.

187 — Louis XVI coiffé du bonnet rouge, et tenant une bouteille à la main. Pièce en couleur, *très-rare*.

188 — Enjambée de la sainte-famille des Tuileries, à Montmédy. Pièce coloriée, *rare*.

189 — Apparition de l'ombre de Mirabeau, trouvé dans l'armoire de fer au château des Tuileries.

190 — Journée du 10 août 1792. *A Paris, chez Villeneuve*. Très-belle ép., avec grandes marges.

191 — Louis XVI entre le père Duchesne et Jean-Bart ; au-dessous du portrait de Louis XVI, on lit : *Louis-le-Faux. Pièce rare*, avec marges.

192 — Louis XVI, roi d'un peuple libre ; le Masque levé ; à la place de la tête du roi, on voit un cruchon ; Ah ! le maudit animal ; Ventre saint-gris, où est mon fils ? 4 pièces coloriées.

193 — Louis XVI dans une chaise à roulettes poussée par Marie-Antoinette. Il tient à la main un jouet représentant un moulin à vent. Pièce coloriée, *rare*.

194 — Confession de la noblesse et du clergé ; on lit dans bas : *Allez en paix, et ne péchez plus*. Très-belle ép. avec marges.

195 — Diogène, couvert d'un bonnet rouge, quitte son tonneau, pour donner la main à Marat qui sort d'une cave par le soupirail.

196 — Machine proposée à l'Assemblée nationale pour le supplice des criminels, par M. Guillotin.

197 — *Assassinat* de Michel Lepelletier, le 20 janvier 1793. Il est représenté assis à droite; à gauche, on voit cinq personnages auprès de la dame du comptoir du café où la scène se passe. Pièce en largeur, in-fol.; *très-rare*.

198 *Assassinat* de Collot d'Herbois, gravé par Marchand, d'après Desrais. *Pièce rare*; très-belle ép., avec marges.

99 — Placard révolutionnaire très-curieux. On lit au milieu : *Unité, Indivisibilité de la République. Liberté, Égalité, Fraternité ou la Mort.* Dans le haut, le bonnet rouge entre deux drapeaux; sur les côtés : à gauche, un sapeur; à droite, un révolutionnaire armé d'une pique, et coiffé du bonnet rouge. *Très-rare*.

200 — Réception de Louis Capet aux enfers par grand nombre de brigands ci-devant couronnés. Au milieu de la marge du bas, médaillon représentant la tête de Louis XVI tenue par la main du bourreau. *A Paris, chez Villeneuve. Pièce très-rare.*

201 — Colin-Court. Pièce coloriée.

202 — L'Ouragan de mars; Productions de l'éteignoir du bon sens; Les Amours du prince Lagobe; Louis XVIII, ayant perdu sa couronne, demande qu'on lui ramasse un éteignoir pour la remplacer, etc. 11 pièces caricatures françaises et anglaises.

Renou et Maulde, imprimeurs de la Compagnie des Commissaires-Priseurs
rue de Rivoli, 144. 209

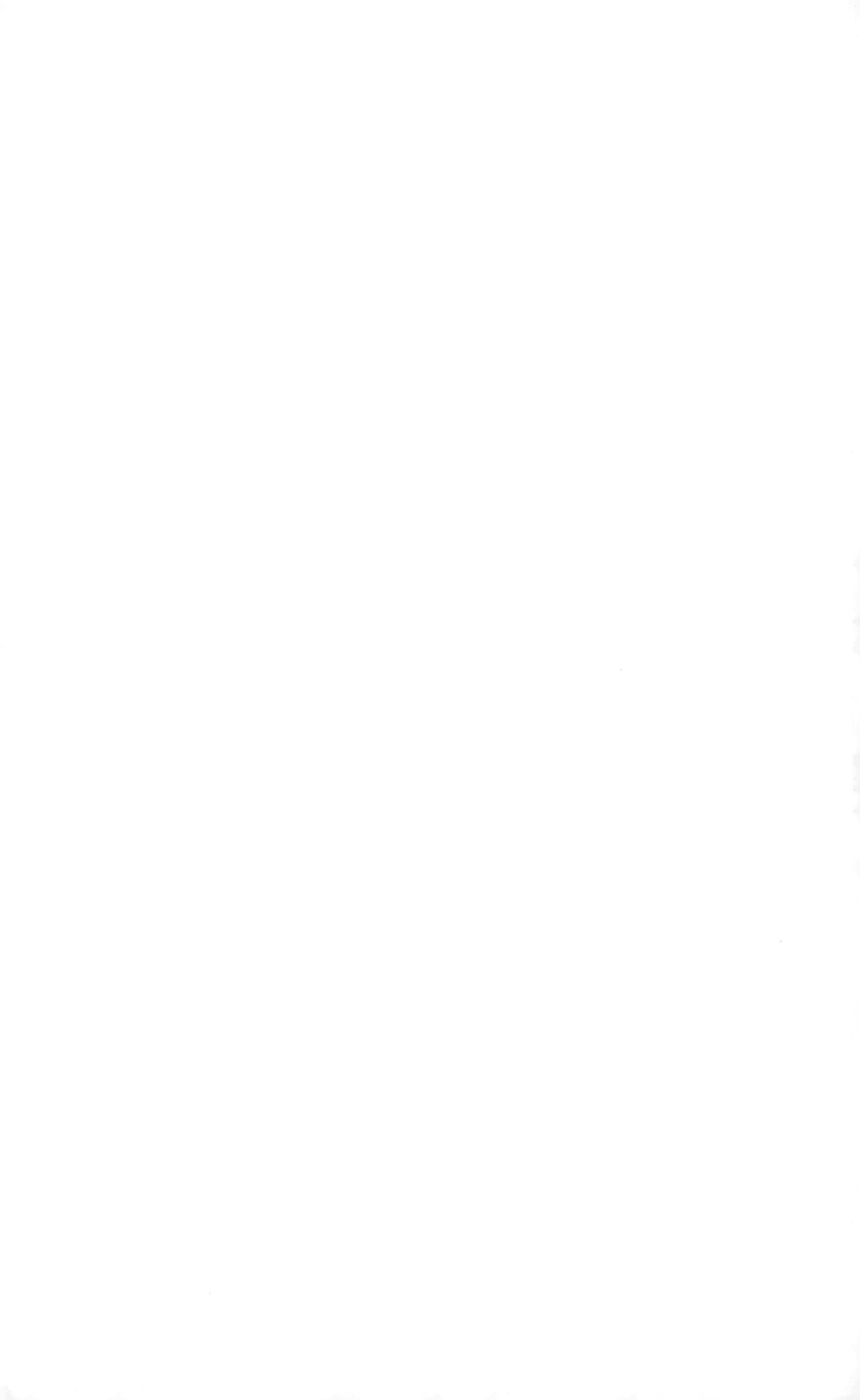

www.ingramcontent.com/pod-product-compliance
Ingram Content Group UK Ltd.
Pitfield, Milton Keynes, MK11 3LW, UK
UKHW022149260726
13993UKWH00005B/2264

9 782329 523071